U0924852

一个高明的领导，讲究领导艺术，知关节，得要领，把握规律，掌握节奏，举重若轻。

——习近平《之江新语》

科学领导
辩证思维十二论

Kexue Lingdao
Bianzheng Siwei Shierlun

张德贤 黄小忠 著
朱根华 绘

浙江人民出版社

图书在版编目（CIP）数据

科学领导辩证思维十二论 / 张德贤，黄小忠著 ；朱根华绘. —杭州 ：浙江人民出版社，2016.10

ISBN 978-7-213-07498-1

Ⅰ. ①科… Ⅱ. ①张… ②黄… ③朱… Ⅲ. ①领导思维学-研究 Ⅳ. ①C933

中国版本图书馆CIP数据核字(2016)第155448号

科学领导辩证思维十二论

张德贤　黄小忠　著

朱根华　绘

出版发行	浙江人民出版社（杭州市体育场路347号　邮编　310006） 市场部电话:(0571)85061682　85176516
责任编辑	朱丽芳
责任校对	姚建国
电脑制版	杭州兴邦电子印务有限公司
印　　刷	杭州富春印务有限公司
开　　本	880毫米×1230毫米　1/32
印　　张	3.375
字　　数	21千字
版　　次	2016年10月第1版
印　　次	2016年10月第1次印刷
书　　号	ISBN 978-7-213-07498-1
定　　价	15.00元

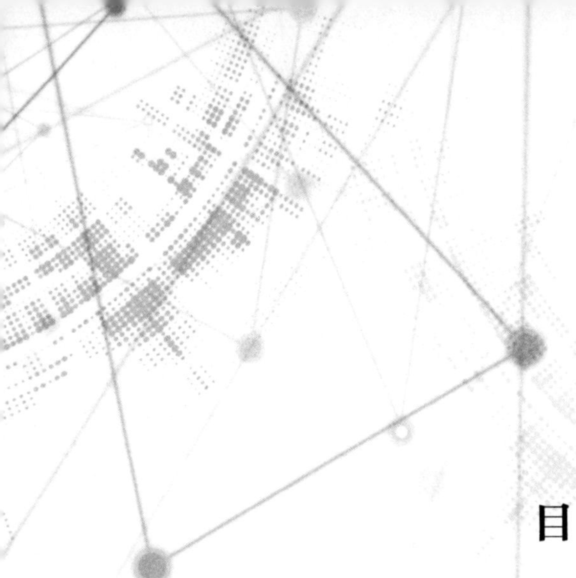

目 录

前 言

党的十八届四中全会确立了全面建设法治国家的总体目标和实施途径。神圣的使命，伟大的职责，历史地落到了全国各级领导的肩上。

光荣任务在肩，牢记历史经验。曾记否?同是一个天，同是一个地，同是党领导下的全国各族人民，改革前后大不一样。是什么原因，短短 30 年就把中国带上了国强民富的康庄大

十三五
创新
协调
绿色
开放
共享
向两个一百年前进
五大理念，齐心协力。奋发向前，所向无敌。
朱根华

道？是邓小平理论指引的实事求是的唯物论，注重实效的方法论开创了辩证思维的科学领导之风。

当前摆在我们面前的一项紧迫的任务就是要不断深入学习、践行党的十八届三中、四中、五中全会精神，继承这一革命传统，运用科学思维和科学方法不断提高我们党的治国理政能力和水平。

坚持实事求是原则，针对客观存在的问题，运用马克思主义的辩证唯物主义的哲学观，提出科学领导辩证思维十二论，从而提高我们党的建设科学化水平，带领全国各族人民走向繁荣、富强、文明、幸福，为实现两个“一百年”奋斗目标，共圆中华民族复兴梦而奋斗！

要实现科学领导，必须做到科学决策、科学用人、科学分工、科学服务。而要实现这四条，就得选择运用辩证思维的十二论进行深入的分析和探讨，以期抛砖引玉，共同提高。

一、科学决策三论

只要能坚持马克思主义辩证唯物论矛盾观的唯上与唯下的辩证统一论、务虚与务实的辩证实践论和爱国与爱民的辩证融合论，我们的各级领导就一定能实现科学决策、民主决策、依法决策，不断提高行政决策科学化、民主化、法治化水平。

决策是摆在领导面前的第一要务。能否正确、高效地决策，既是领导能力、水平的体现，也是领导素质、作风的展示。领导队伍中存在的无作为、不作为、乱作为的现象造成一些地方一段时间内出现或大或小的决策失误，给党、国家和人民造成不同程度的损失。其中的原因不少，但从思想观念和思维层面上挖根子，以下三论值得我们重视：

1. 唯上与唯下的辩证统一论

县、乡镇一些领导近年来在处理一些重大项目或完成上级交办任务时，往往存在唯上是从的思维定势，认为我是上级指派、委任的领导，当然得听从上级的指示，无视下边的实情，不听群众的呼声，不深入调查，不倾听民意，只是

跟风、看样，认为唯上保险，不会错。与此同时，还存在唯下是从的既定思维，认为我们的权力是人民给的，人民的事不分大小都得听，不顾全局，做部分群众的代言人。

唯上与唯下，看似互相矛盾，然而辩证法的矛盾观告诉我们，社会和思想领域中的任何事物以及事物之间都包含着矛盾

上下
上下一体，同心同德。
實事求是，堅持原則。
乘風破浪，齊奔小康。
一帶一路，合作共富。

性，事物矛盾双方既统一又对立，推动着事物的运动、变化和发展。如何认识唯上与唯下这一对矛盾？从矛盾观的思维层面看，我们的领导在决策过程中必然涉及思维过程，其中包括因果思维、发展思维、法治思维、全局思维等，但最终还得取决于对立统一的辩证思维统领。从根本上说，“立党为公，执政为民”是我党、我国政府的根本宗旨，为百姓谋福利既是出发点又是归宿点。在这一根本点上，唯上、唯下思维定势在本质上是没有矛盾的。只是在实施过程中，上级确立方向、目标，下级提供途径、方法。这应该是唯上与唯下的观照契合，是互为依靠、互为补充的辩证统一。问题的另一面，为确保决策万无一失，对“唯上”、“唯下”的“唯”字则要定好位，把好度。上级的指示、决策来源于全局和基层；下

级的执行靠上级的正确指引。光唯上不接地气，不合民意，会事与愿违；光唯下不顾全局,不听上级指挥,会决策失误。因此，为确保上级指示精神的圆满实现，民众意愿的充分体现，只能靠完整的唯上与唯下的辩证统一论的学习和践行。全国各地许多领导决策成功的典型案例也充分证明唯上与唯下的辩证统一论是正确的、可行的。

2. 务虚与务实的辩证实践论

近年来，在一部分领导处理公务时往往存在一种潜规则：自己认为有把握的踏实干，自己认为不靠谱的悠着做，说什么：“该务虚的务虚，该务实的务实。”致使一些地方、一些部门，在一段时间内的工作很难体现优质、高效的实绩。

“务虚”与“务实”是领导理政的两个重要的战术。习近平同志对此有着科学、

龙行天下百年圆梦　先建小康再造大同　朱根华

飞马与瘸驴　·朱根华·

精辟的论述 :“如果说务实是‘决胜千里之外’的实践，那么务虚则是‘运筹帷幄之中’的谋划,两者可谓并蒂之花、相辅相成，辩证统一于全部领导活动之中。务实是务虚的出发点和归宿，务虚的目的就是为了更好地务实。”

但是，现在有些领导调换了务虚和务实的概念，将此术语作为自己抑或积极执行，抑或消极推诿的挡箭牌!

假如你认为自己的判断是正确的，发现上级指派的任务中存在某些不足之处，正确的态度，就应该主动建议上级予以修

积财不积德　造孽非造福

改、调整，同心同德把事情办好。如果你的判断是错误的，又不认真按照上级指示办理，这样因为失职而造成的损失就大了。

毛泽东同志的《实践论》和邓小平同志关于“发展是硬道理”的真理给我们划

定了一条行政工作的红线。习近平同志继承了我党的光荣传统，提出“空谈误国，实干兴邦”的至理名言，振聋发聩，发人深省！当下，我们全国党政军民正团结一致，同心同德，为建设社会主义现代化强国而努力奋斗，需要的就是老老实实的做人态度、勤勤恳恳的领导作风、踏踏实实的工作作风、实事求是的辩证精神。

而要养成这样的良好品格，更需要我们深刻认识到，能不能坚持辩证实践论，这是一个判断我们的领导是勤恳做事还是浮夸敷衍的是非问题。我们的决策从制定到实施到验收，在各个环节、各个节点，直至整个过程都需要我们领导本着忠于职守，对人民负责，对历史负责的态度，真抓实干。这是铁板钉钉的事，来不得半点虚假。

3. 爱国与爱民的辩证融合论

爱国，是领导政治觉悟的体现；爱民，是领导思想立场的表现。我们的各级领导都应该明白：国是全国人民最大的家，民是国中最小的家。国和民融为一体，创造人间的一切奇迹。这是检验我们领导的精

两爱合成宝　一个不能少

高举紧抓牢　真正好领导

朱根华

神境界高不高，思想感情深不深的重要标准之一。

当下有些领导却把爱国与爱民对立起来，认为民众的觉悟有高低，群众的思想有差异，百姓又分散在不同区域，很难靠自己的业绩把百姓的思想和行动都统一到爱国的同一高度。还有一些领导只知道把爱国、爱民写在纸上、贴在墙上、停在嘴上，雷声大，雨滴小，甚至光打雷，不下雨。此类现象的出现，成了当前气势磅礴的社会主义现代化建设大合唱中的一个不和谐的杂音。

光辉榜样——焦裕禄　·朱根华

按照马克思主义的辩证融合论，爱国与爱民是目标、方向一致的整体观念，是个体与整体的完美组合，也是互为因果的辩证关系。所以，我们的各级领导必须坚持无产阶级的高尚情操，坚持赤胆忠心的公仆胸怀，把爱国的热情化作为百姓办事的实际行动；同时，又要以爱民的情愫为建设强大祖国添砖加瓦。

领导爱国、爱民，双爱汇成同一个爱，通过自己的工作来彰显最佳政绩。而要做到这一点还得明白：信仰坚定、干情激昂的革命动力要与严谨的工作态度，与周密的规划部署相结合，才能获得物质财富和精神财富的双丰收，物质文明与精神文明的双硕果。

身教重于言教，领导自身就是对百姓进行爱国主义教育最好的榜样。焦裕禄同志就是无数领导的光辉典范，他的事迹教育了全体党政领导，也激发了全国亿万人民爱党爱国的巨大正能量。这就是爱国与爱民的辩证融合论的最好论证。

最高奖杯 ·朱根华·

二、科学用人三论

学习使人明理，分析使人眼亮。我们要认真学习运用唯贤与唯亲的辩证用才论、求长与求全的辩证选才论和君子与小人的辩证交友论，使我们的领导干部队伍始终充满生机与活力。

用人是领导施政重中之重的重策。毛泽东同志告诫我们："政治路线确定之后，干部就是决定的因素。"在进入改革开放时期，邓小平同志对干部队伍的建设提出了"革命化、年轻化、知识化、专业化"的重要标准。习近平同志郑重提出："党委把好用人关。"我国革命和建设的实践都证明了，坚持运用这一马克思主义的革命理论武装起来的干部队伍是一支攻坚克难、战无不胜的光荣队伍。

然而，毋庸讳言，在用人问题上因为思想认识上的偏差，

存在离经叛道的错误做法。在一些地方、一些部门的个别领导中存在着“三情两得”的思想，认为提拔任用干部要兼顾“友情、亲情、乡情”，使用起来才能“得心应手，得益颇多”。如何识人、用人是严肃的政治立场问题，是领导素质问题，也是一个思想认识问题。有“三情两得”思维定势的人产生违背传统的错误做法，除了内心深处有着私心之外，缺少马克思主义辩证法的良好修养是一个不可忽视的重要原因。为此，应立即补上科学用人三论这一课。

1. 唯贤与唯亲的辩证用才论

人类除了具有自然属性之外，更有其社会属性。人在不同的情景和不同的场合中都有着不同的角色归属。在一个家庭中，各个家庭成员都有各自关系的定位；

——你不过是山寨出身，俺可是重点大学的博导！

“相马”

·朱根华作·

好马一匹，
一匹好马。
长唇巧舌，
会说瞎话。
丰臀肥肚，
乖巧圆滑。
前肢能伸，
善拍善拉。
后肢能屈，
可跪可爬。
如此良种，
重用提拔。

在一个民族中，民众都有着宗族关系的归属。我们中华人民共和国是中国共产党领导的、全国各族人民当家作主的、社会主义的法治国家。进入各级党政班子的领导，其社会属性就是国家的公仆，其职责就是“为人民服务”。这是我国的立国之本，也是全体领导的立身之本。从这一原则立场出发,分析用人问题应该“唯贤”还是“唯亲”，就十分清楚了。

“贤”，古人云：“贤者，有德多才也。”“亲”,国人称五属为“亲”:血亲、姻亲、近亲、旁亲、远亲。“贤”以德才效国为法

度，“亲”以血缘利家为准则。“贤”、“亲”有天壤之别，泾渭分明。我国古代有燕昭王求贤以及刘备三顾茅庐的故事，历朝历代无数明君依靠贤臣开国立业、中兴社稷。与此相反的史实也是无数。历史证明，凡是社会开明，起用贤人，则国泰民安，国运昌盛；凡是上者昏庸，唯亲是用，则天下大乱，民不聊生。当下，我们党正在领导全国人民建设中国特色社会主义国家，就应该牢记这些宝贵的历史经验。

用辩证思维去分析，如果能从民本理念和惜才思想出发，你就会看到中国不仅地大物博，更是人才荟萃；如果能真正出于公心，你就会明白老百姓说的话："只要你做到爱民如子，那么民力就会如泉水一样涌流，民智就会如火山一样喷发。"

中国民间藏龙卧虎，人才到处有，就看你有没有一双为国识才的慧眼。俗话说：

"钱途无亮"

朱根华

“三百六十行，行行出状元。”亲人中也有贤人，贤人中也有亲人。即使在普通人群甚至另类个体中也有出类拔萃的人物。因此，当下我们不必担忧没有贤人，而要考虑自己有没有一双慧眼。

孔子曰：“大道之行也，天下为公。”只要我们坚持走中国特色社会主义道路，出于公心，践行辩证用才论，就能实现“我劝天公重抖擞，不拘一格降人才”的理想。

2. 求长与求全的辩证选才论

如同人的长相千差万别一样，人的才

老虎苍蝇休想逃，
利剑出鞘概不饶。

今后出路在哪里？
认罪伏法就一条。

·朱根华·

能、品行也是各不相同的。但是，我们有些领导就忘了这一点，他们在选人用人上往往要么苛求“高大全”，要么苦觅“无瑕美”，结果，不是“踏破铁鞋无觅处”，就是“勉为其难滥充数”，显得十分无奈。

唯物辩证法的两点论告诉我们，世界上任何事物都具有两重性，有其积极向上的一面，也有其消极向下的一面。这两者不是对等的，而且在一定的条件下还会相互转化。因此，看人、选人既要看到他的主流，看到他的特长，看到他的本质，看到他的发展趋势，又不求全责备，不静止

传帮带——十年树木百年树人 从娃抓起竭力尽心

朱根华

孤立地看待人。

俗语说：“金无足赤，人无完人。”我们在选人用人时必须牢记这一忠告，运用辩证的选才论，目光紧盯奋战在社会实践一线的勤奋廉洁的实干者，注重改革开放排头兵中的佼佼者，

“选材” 朱根华

育才——愿小苗天天向上 早日成材成梁

朱根华

用心寻找好学敢闯的探索者，即使他们还存在这样或那样的不足与缺点，但绝不能因此影响对他们的大胆提拔、积极重用。相信只要在使用过程中，加以必要的指导和培养，他们定会发挥出不可替代的积极作用。

3. 君子与小人的辩证交友论

是领导，必然要与社会各方面的人打交道。交往多了，时间长了，必然会产生感情，从而逐步形成一个又一个的人际关系的小圈子。如果这些圈子多了、大了，久而久之，一些地方、一些部门的领导在处理公务时或大或小地会受到影响，或轻或重地偏离方向，甚至抛弃原则底线，走向反面。最近全国各地揭发出来的大大小小的腐败分子，就是鲜活的反面教材。

中国传统的道德文化将在社会交往中的人们分为君子与小人两类。古代的哲人

你贡他献　财色交易

认为：“君子重于义，小人重于利。”这句话说的是，注重道义的人是君子，注重私利的人便是小人。

孔子曰：“君子和而不同，小人同而不和。”这又从人的不同境界、不同胸怀解释了君子与小人的根本区别。君子高瞻远

全家覆

可恨黄粱美梦短，
鸡鸣东窗事发了。
掉地远比升天快，
风光一家全报销。

·朱根华作·

瞩，胸怀宽阔，办事既能坚持原则，又能容忍具体细微的差异分歧；小人目光短浅，心胸狭窄，表面随声附和，心底另怀鬼胎。

唯物辩证法的认识论告诉我们，人们看待世界万物必须透过现象看本质，才能真正驾驭万物本身的规律而获得成功。为此，我们首先要明白我们的党政之本是立党为公，执政为民，坚定不移的宗旨观念决定了我们的领导必须近君子，远小人。

我们的领导从事的是造福百姓、功在当代、利在千秋的伟大事业，必须要有聚贤集才的光明磊落和海纳百川的坦荡胸怀。毫不动摇的公仆思想决定了我们的领导一定要结交君子，远离小人。

当下一些腐败分子的堕落轨迹揭示了腐化的一个主要原因就是远君子而近小人。事实表明，小人出于自己的私利，有着极强的吹捧本领、献媚特长，领导的职位越高，权力越大，被小人包围的圈子就越大、越重。有的小人甚至包围了领导人的配偶。无数惨痛教训告诫我们，领导在用人方面一定要坚持君子与小人的辩证交友论，时刻警惕，处处小心，主动结交君子，断交小人。

吃了人家嘴软　　　　朱根华

三、科学分工三论

我们要做到脑开窍，胸开阔，心开朗，眼开境，行开明，熟练地运用共管与独管的辩证本源论、有为与无为的辩证常道论、权力与责任的辩证法治论，才能高效地实现科学分工的预定目标。

在方向、目标确定之后，如何成功、高效地带领全体人员去实现预定目标？这就需要管理。科学管理就是因时制宜、因地制宜地按照客观规律管控、管活、管顺、管成的统领之策。而分工就是管理的核心要素。科学分工包括:选准接受分工的对象、把握合理分工的规律、监督分工的实施。

毛泽东同志教导我们说："人民，只

忧哉危哉

发扬传统美德

诚

信

朱根华

有人民，才是创造世界历史的动力。”邓小平同志深情地说：“我是中国人民的儿子。”习近平同志告诫我们：“共产党人一定要坚持权为民所用、情为民所系、利为民所谋，真正为人民掌好权、执好政。”要实现中国共产党领导的建设中国特色社会主义的伟大目标，必须坚定不移地依靠人民。从根本上说，治国理政必须牢记敬畏人民、依靠人民，真心诚意、千方百计地调动人民的积极性，让亿万民众同心同德、风雨同舟地建设好我们的国家。为此，我们应该主动、积极地运用马克思主义的辩证思维

去正确认识共管与独管的辩证本源论、有为与无为的辩证常道论、权力与责任的辩

证法治论，从而使我们各级党政组织的领导工作做得更扎实、更高效！

1. 共管与独管的辩证本源论

一些地方、一些部门的个别领导一提起行政管理就以为这是党政主要领导的事，只要一把手带领一班人干就行了。而有一些领导则认为党政的事就应该上下左右一起干才行。

那么，行政管理到底靠独管还是靠共管？从表面上看，独管与共管是矛盾的。用辩证本源论的观点来分析，这两者并不矛盾。因为建设中国特色社会主义的总目标告诉我们，惠及民生、造福百姓是我们行政管理的出发点与归宿点。“问渠哪得清

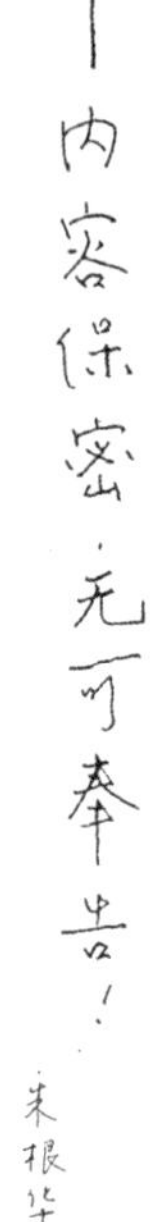

如许，为有源头活水来。”高效管理的源头应该在群众。从整体全局看，只有想民、知民才能为民、福民。行政管理必须根据实际需要，合理分工，充分发挥有关部门和所辖基层的积极性来合力共管。但从局部各个方面、各个层次看，分管之后的管理还得有相应的负责人挑起担子。按辩证思维的分合观分析，分与合是分中有合、合中有分的辩证统一。

全国各级政府部门实施简政放权，精简人员，把经营权下放给企业，有效地改变了作风，提高了办事的效率，得到了人民群众的拥护。

同时，按事情的性质和要求的不同，各地党政部门都有的放矢、有针对性地将行政管理的内容作了合理的分工。该由政府部门管的由政府部门管，该由企业管的

偏爱

朱根华

你吃我的，我吃你的。
只吃公的，不吃雌（私）的。

由企业管。这样将行政管理进行科学分工后，大大调动了广大人民群众的积极性，保证了党政领导能集中精力想大事、办大事，使政府管理的质与量都有了突破性的飞跃。

2. 有为与无为的辩证常道论

“有为”与“无为”说的就是人在社会实践时，主观意识与客观实践之间互动互抑的辩证关系。当下，在施政管理方面有些领导把集中管理当作“有为”，把工作分工给下级称作“无为”。这样，就把我国古代道家哲学思想割裂并曲解为行政工作的分与合，其结果严重地影响了政府工作的整体性、系统性和连贯性。

中国古代道家认为：无为即有为，有为即无为。我们的有些领导把这句话理解为："无为"就是静观不动，伺机而为；"有为"就是无为而治即有为。这都是表层的粗浅理解。

这句话有以下四层解读：舍己为他人不求回报；不与人争，不与人斗，做好事不留名；为众修习无上智慧是无为，为自己修一念私欲是有为，故为善者必扬无为

干部必修功课

打官腔

朱根华

而控有为；管理社会事务时按客观规律行事，管理者无为即有为。

道家讲无为而有为，是要人们不要太去注重结果，因为道家觉得，太注重结果往往不会得到想要的结果，而不去注重往往就会得到自己想要的结果。道家讲的是“无为”，然而其结果却强调“有为”，从经济学上讲，市场经济本身的自我调控，就像是无为而有为。在经济领域有为而无为，政府干涉过多反而适得其反。政府只发挥宏观调控的作用，也就是无为而治了。

我们各级领导如果都明白了这一道理，那么我们的行政管理工作就会科学分工，合理分管，一帆风顺，巧干高效。

3. 权力与责任的辩证法治论

权力和责任，这两个概念是法治国家

宽心大夫

朱根华

——就烂了三个，多数还是好的，没事！

建设中十分重要的核心因素。我们有些地区、有些部门的领导往往存在有职缺责、担责无职的权责分离现象，由此带来政府部门理政执行乏力，监管缺位。这既是坚持“立党为公，执政为民”宗旨观念的政治问题，也是判定人民公仆是否合格的原则问题。

权力与责任是领导施政的两大组成部分，这两者之间的关系是互相支撑又互相制约的辩证统一关系。权力与责任就像是领导施政天平上的两端，不管你分管什么工作，你的权力与责任都是成正比的。权力越大，你的责任也越大；权位越高，你的责任也越重；权期越长，你的担责也越久。所以，那些只想享受权力的荣耀而无视与权力相对应的责任的领导，是不配担任领导职务的。这种领导事情办成了，因为话语权全在自己手里，功劳全归他个人；

不是批评的批评

不是批评的批评，
此类把戏受欢迎。
略提缺点轻带过，
大谈成绩嘴不停。
文过饰非装懵懂，
评功摆好颂英明。
肉麻吹捧不害臊，
皆大欢喜都爱听。

办事失误了，责任全推给下级。这种唯心主义、形而上学的错误观念应该引起党政

高层领导的注意，要教育全体党政领导认真践行权力与责任的辩证法治论，科学用

权，主动担责。

党的十八届三中、四中、五中全会精神为我们指明了法治领导、法治管理的目标方向、实施途径和具体方法。习近平同志号召：“把权力关进制度的笼子里。”高屋建瓴地运用法治思维从制度建设层面，引导全国各级党政领导摆正权力与责任的辩证关系，从根本上确保了我们国家的长治久安。我们全体党

装穷　　朱根华

政领导一定要认真学习、深刻领会、付诸行动。首先，要在思想上牢固树立权力与责任的统一观，爱党爱民，敢于担当，坚守使命。为官一任，为官一地，终身负责，勇于担当，让党放心，让百姓满意。

其次，要把学习中国传统哲学思想与学习先进的现代管理科学知

“扫盲”权威

·朱根华·

识结合起来，以党性原则、公仆精神彰显权力与责任辩证法治论的思想威力和精神成果。我们要始终牢记老子“上善若水”之道,培育“润物无声”的谦德、“海纳百川”的容德、“水滴石穿”的柔德、“趋下不争”的大德、“蓄潭如镜”的高德、“水涤污垢”的良德，努力争当一位至仁至善、为国为民、造福天下的好领导。

四、科学服务三论

当下全体党政领导有必要学习与践行科学服务三论，正确理解和认识包办与众办的辩证创世论、站位与换位的辩证映照论、政绩与成本的辩证平衡论。

服务是全体领导的本分之举。毛泽东同志为我们党和政府各级领导制定了“为人民服务”的根本宗旨。为谁服务，如何服务，是这一宗旨的内涵和外延所关注的核心问题。长期以来在一些地区的一些领导中存在错误的思想，认为百姓称我们地方主要领导是他们的“父母官”，人民感谢领导送匾额称“爱民如子”，因此认为自己

辛苦工作，百姓应该感恩于我。他们忘了无论是革命战争时期，还是和平建设时期，

驱邪护正 宋根华

都是广大人民群众在支持我们，正是因为广大人民群众的勤劳、勇敢、创造与奉献才迎来今天的幸福生活，我们的党政领导应该感谢他们才对。

出于对百姓的感恩，我们的服务工作要真心诚意，要全心全意，要与时俱进，实现科学服务、优质服务。党政领导要千方百计提高服务质量，把工作做到百姓的心坎里，勤政、俭政，想方设法节约施政开支。

1. 包办与众办的辩证创世论

现在我们的一些领导在做服务工作时相信一手包办，犯了官僚主义错误。他们忘了百姓的需求多种多样，民众的困难情况千差万别，人民群众的实际问题会随时发生，你即使是千手观音，能应付得了每时每刻都在发生的民众需要解决的一切问

某长下乡记
朱根华
走马观花
蜻蜓点水
酒酣耳热
嘻嘻嘻嘻嘻嘻嘻嘻
满载而归
特产
补品

官德

为官者爱民当如父母，如子女

宋根华

题吗？

马克思主义的历史观告诉我们，历史是由人民群众创造的。《国际歌》唱道：“是谁创造了人类世界？是我们劳动群众。”这就是唯物辩证创世论。我们各级领导要做好服务工作，必须遵照这一准则，相信群众，发动群众，依靠群众去部署、落实、

一刀切　如此一视同仁　必然万事大劫

·朱根华·

开展具体的服务工作，这样才能得心应手、左右逢源，使各项工作顺风顺水，事半功倍。

相反，你撇开群众，独断专行，违背了辩证创世论的原则，往往事倍功半，甚至好事办坏。

上海市的黄浦江水源保护问题，就是由市领导带头，发动上海以及源头相关地区的干部、群众一起群策群力，万众一心，终于在短时间内彻底解决了难题，让上海百姓喝到合格的饮用水。此事生动地告诉我们的领导，为民服务的事一定要好事群办，即使再难办的事也能合力办好！

2. 站位与换位的辩证映照论

因为受习惯思维的影响，我们的有些领导，喜欢凭借下级领导或办事人员的汇报来安排工作，从来不去考虑百姓的所思所想，听听民众的实际需求，由此造成服务工作轰轰烈烈，但事后百姓反响平平。究其原因，主要是在

"信仰"——我一拜财神求发财。二拜观音求平安。三拜首长求升官。　朱根华

越走越远

朱根华

开展服务工作时缺少对百姓真实情况的了解，存在想当然办事的情况。

马克思主义的科学认识论告诉我们，人只有站在多个角度去观察，才能全方位地获得确切的真实信息，才能科学合理地

醒不了

麻将搓多了，茅台喝多了，奖旗挂满了，钱柜全空了。

·朱根华·

把事情办好。

实践证明，坚持站位与换位的辩证映照论，既要注重从领导的角度谋划，又要换位从民众百姓的角度思考，这样辩证全面地考虑问题，全面周到地获得信息，由此把工作安排得周密、成熟，获得的结果也就是出色、高效的。眼下正在紧锣密鼓深入开展的浙江省“五水共治”的民生服务工作，就是站在广大乡镇群众的立场调查、分析，在摸清情况的基础上安排的一项全省性大型服务项目。正因为服务接地气、合民意，工作进展顺利，服务到位，

五水共治

朱根华.

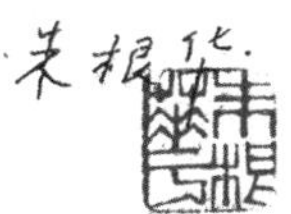

全省乡镇的水环境得到极大的改善，受到全省人民群众的一致好评和赞扬。

3. 政绩与成本的辩证平衡论

“政绩”是一个政治学概念，“成本”是一个经济学概念。在经济社会中，一切服务都带有经济的属性，也就是说，存在效益与成本的问题。经济实体考虑的是投入、产出、成本、利润，求得进出平衡，获得效益最大化。党政领导的施政也应该明确为一种社会行为，既要讲政绩，也要讲成本。科学服务就得运用政绩与成本的

展前不顾后

朱根华

辩证平衡论来思考和掌控。

前段时间，一些省市热衷于政绩工程、形象工程、面子工程，他们不计成本，不看实力，盲目攀比，造成资源浪费、财政亏空，影响了经济建设，增加了百姓负担，

——平生就好这个字！　·朱根华·

造成了很坏的影响。政绩与成本的失衡应该引起我们全体党政领导的高度重视。楼房、广场、道路越建越豪华，树木栽种越来越大，越来越名贵，这种施政成本失控现象必须立即制止。

原本认为只要出政绩，不管花多少钱都值得的领导，学习了党的十八大精神，经过了党的群众路线教育实践活动后，接受了政绩与成本的辩证平衡论，懂得了与社会经济实体生产离不开成本核算一样，政府行政也需要成本核算，党政领导也需要学习、需要坚持勤俭节约的中华传统美德。

要学习焦裕禄同志严格节约开支，该省的省，该免的免，把有限的资金用在发展经济、惠及民生的关节点上。正是通过这次群众路线教育实践活动，全国上下落实了节约的好风气，充分体现了我们党继承和发扬艰苦朴素优

胡干加蛮干，
老爷要移山。
钞票作废纸，
设备当破烂。

闭着眼睛发号令，
放开嗓子使劲喊。
只求面子有光彩，
全为升官加发财。

什么人民血汗，
什么国家财产。
一个劲儿乱挥霍，
硬要把无底洞填满。

良传统的坚定决心。

我们深信，只要坚持科学服务三论，我国党政的为民服务工作一定会出现一个崭新局面。领导民众心贴心，为民服务献真情，共圆民族复兴梦，官民携手向前进！

综上所述，中国实现现代化需要科学化，实现科学化需要领导思维科学化。因此，学习辩证法，明晰十二论，做到领导思维科学化，就能确保中国实现现代化！

——有头有尾，有始有终，大功不就告成啦！

后记

2015 年年初的一天，黄小忠先生在我们两人聊天时谈及，他在十多年前接受嘉兴市委党校的党员干部培训时回答如何践行科学领导的主题时，总结了“科学决策、科学用人、科学放权、科学服务”这四条经验，受到了党校指导老师的表扬，并引为范文。话题一出，当即引起我们俩的深思，党的十八大号召全面建成小康社会、全面深化改革、全面推进依法治国、全面从严治党，“四个全面”的提出更完整地展现出新一届中央领导集体治国理政总体框架，使当前和今后一个时期，党和国家各项工作关键环节、重点领域、主攻方向更加清晰，内在逻辑更加严密，这对推动改革开放和社会主义现代化建设迈上新台阶提供了强力保障。

联系当下实际，我们俩认为，为了巩固党的群众路线教育实践活动的伟大成果，党政各级领导同步进行马克思主义、毛泽东思想、邓小平理论、习近平总书记治国理念的系统学习，十分有必要，可以提高他们的政治素质和理论修养，更好地带领全党全国各族人民为实现两个一百年，共圆中华民族复兴梦而努力奋斗！

之后我们俩边学习整理思路边立提纲，于7月中旬拿出了《科学领导辩证思维十二论》的提纲，广泛征求身边的领导和朋友们的意见，不断修改。8月份带了这份提纲上北京参加由中共中央党校中国科学领导研究会召开的座谈会，得到与会领导首长、专家学者、同仁朋友的热情鼓励和指导帮助，会后按照大家的意见认真撰写此论文。于11月初修改完稿，寄往中国科学领导研究会《求是先锋》编辑部请求审阅。结果，《求是先锋》编辑部认为此文具有较好的阅读、交流、参考和收藏价值，正式收录进《求是先锋——领导干部学习践行党的群众路线的理论与实践》一书。此后，又由 84 岁高龄、我国德艺双馨的著名漫画家朱根华先生配画创作了多幅漫画，最终形成此书。

回顾成书过程，我们要真挚感谢中共中央党校副教育长王怀超先生、中国科学领导研究会办公室主任金一鸣老师、浙江人民出版社副社长虞文军先生的赐教和帮助，感谢人民日报社高级编辑、中国美术家协会会员、中国新闻漫画研究会副会长兼秘书长、中华全国新闻工作者协会理事朱根华先生的鼎力支持，感谢浙江平湖师范学校原校长许锡浩先生的指导斧正。

科学领导辩证思维是个大课题，我们俩才疏学浅，又缺少实践和积累，不当之处难免，推出此书只求抛砖引玉，期待大家指正。谢谢！

张德贤、黄小忠

2016 年 5 月 19 日于平湖